S
d
l
N

H.

un   1

Saskia lit le journal.
«Incroyable!» dit-elle. «Il n'y a presque plus
d'arbres sur la Terre. Ils disparaissent. Hier soir,
on a volé tous les arbres de Paris!»
«Mais qui vole nos arbres? Quel mystère!!»
dit Firoz.

presque plus d'arbres	hardly any trees left
ils disparaissent	they disappear
on a volé	someone stole
qui vole	who steals

Quel journal est-ce que Saskia lit? Choisis.

1 LES PARISIENS COUPENT LES ARBRES

2 PLUS D'ARBRES SUR LA PLANÈTE TERRE

3 LE MYSTÈRE DES ARBRES DE MARS

«Oh! On voit une soucoupe volante sur la photo!» dit Firoz.

«Ah oui! Elle vient d'où?» demande Saskia.

«De la planète Iks», explique Mac. «Iks est à 15 millions de kilomètres de la Terre. Les Iksiens sont très grands. Ils ont une tête, deux jambes, quatre bras, trois yeux. Les soucoupes iksiennes sont bleues et jaunes.»

une soucoupe volante	flying saucer
elle vient d'où?	where does it come from?

Choisis la bonne photo d'un Iksien
et de sa soucoupe.

1

2

3

«Les Iksiens volent peut-être nos arbres», dit Saskia.

«Oui, peut-être. On va voir sur la planète Iks?» suggère Firoz.

«D'accord!» dit Saskia.

«Attention!» dit Mac. «Les Iksiens sont dangereux parce qu'ils sont très bêtes!!! Les enfants, ça va, mais les adultes, ah là là! Complètement stupides!»

volent	steal
bêtes	silly, stupid
ça va	they're all right

Qu'est-ce que Saskia et Firoz vont faire?

Pendant le voyage, Mac explique à Saskia et Firoz que la Terre ne peut pas vivre sans arbres. «Les arbres sont très importants pour la Terre. Sans arbres, il n'y a plus d'air, plus d'eau, plus d'animaux, plus d'humains... et plus de robots!» «Alors, il faut protéger les arbres!» dit Firoz.

pendant	during
ne peut pas vivre	can't live
sans arbres	without trees
plus d'air	no more air
il faut protéger	we must protect

Sans arbres sur la Terre, qu'est-ce qui se passe?

qu'est-ce qui se passe?   what happens?

Ils arrivent sur Iks. Et qu'est-ce qu'ils voient?
Des arbres, partout! Il y a des bouquets d'arbres
aux fenêtres et dans des vases géants dans les
jardins. On vend des arbres dans les magasins et
au marché. Les enfants jouent avec des arbres.
Quelle folie!

partout	everywhere
les fenêtres	windows
les jardins	gardens
on vend	they sell
jouent	play
folie	madness

Comment sont les arbres sur Iks?

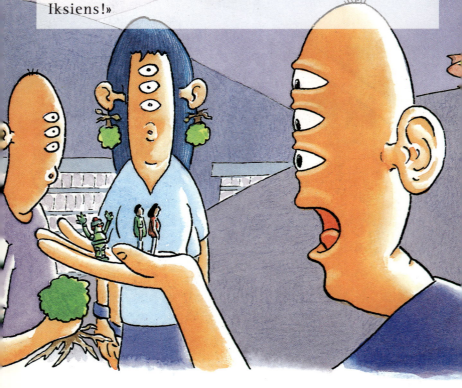

Saskia parle à un petit Iksien.
«Pourquoi voler nos arbres?»
«Tout le monde veut un arbre, c'est la mode! Il y a de la publicité au visiotron», répond-il, timide.
Mac explique:
«Le visiotron, c'est la télévision ici. Et tout le monde obéit au visiotron... Ils sont bêtes, ces Iksiens!»

tout le monde	everybody
c'est la mode	it's the fashion
la publicité	advertising
obéit	obeys

Il y a quelle publicité au visiotron?

Saskia et Firoz expliquent aux Iksiens que la Terre est en danger. Ils sont très surpris.
«On ne savait pas. Désolé!» dit un Iksien.
Mac explique comment planter un arbre.
«Si vous voulez des arbres, regardez: on plante une graine et on attend. C'est un peu long, mais c'est super!»

on ne savait pas	we didn't know
désolé	sorry
une graine	seed
on attend	we wait

Saskia, Firoz et Mac remontent dans leur navette.
«Au revoir!» dit le chef Iksien. «On ne vous vole
plus d'arbres, c'est promis!»
«D'accord!» dit Saskia. «Et nous, on revient
avec des graines d'arbres, promis!»

Et nos trois amis repartent vers la planète Terre
et vers de nouvelles aventures!

leur navette	their shuttle
on revient	we'll come back
repartent	go back to

Regarde les journaux. Choisis une fin à l'histoire!